Quizás
I*m Perfecta

*inspiraciones
poéticas*

@ Copyright 2021
By: Edwin Sostre/ Inspira Star
ISBN: 978-1-61704-424-3
Book created and designed by: Inspira Star
Publisher: River Styx Publishing Company
First printing edition: February 2021

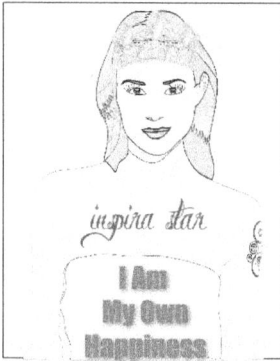

Instagram:
@inspirastar
@quizasimperfecta

Facebook:
@inspirastars

Website:
www.inspirastar.com

Amazon Author Page:
www.dailyimpower.com

Contenido:

Mujer quizás imperfecta

Mujer quizás imperfecta,

pero gracias a tu cada imperfección

es que puedo entrar yo,

y ganar tu atención.

Porque si, fueses completamente perfecta,

pertenecieras al reino celestial,

en donde estuvieses demasiado alto,

para que en mí, te pudieses fijar...

Cada vez, que te hallas indecisa,

ahí es, cuando me aprovecho yo,

para dejarte totalmente convencida,

de que me necesitas a mí, en tu vida...

Si no fuera, por tu necesidad,

de no querer estar a solas,

si no fuera, por tu corazón que implora

con quien pasar las horas,

no hubiese habido manera para mí,

infundir mi amor, donde ahora perfora.

Si no fuera que tu sueñas,

a veces lloras, pero siempre añoras,

entonces, no hubiera podido empeñarme,

en querer enamorarte,

en querer saber hasta donde tocarte,

para que sepas que has de necesitarme...

Si fueses solo angelical,

sin esencias de lo natural,

no tuvieses tu misma forma de amar.

Sin la necesidad de acariciar,

sin tener que reír o llorar,

tu amor fuese solo irreal, tan insustancial,

en donde nadie lo podría tocar,

ni podértelo apreciar.

Me encantan tus cambios de humor,

que aunque a veces me causan pavor,

me mantienen corriendo

a cumplir tu cada fervor.

Y aunque a veces, sea una caja de pandora,

me encantan esos momentos

cuando te enfadas

y logro ponerte más relajada.

También cuando ríes a solas,

pues tu euforia, es tan contagiosa,

y tu sonrisa hace que cada cosa

luzca mucho más hermosa.

Al igual, me encanta cuando te equivocas,

y buscas rápido la reconciliación.

Te das cuenta de tu error, y me provocas

hasta que me tienes a tu rendición.

Y aunque fuese yo, el que tenía la razón,

siempre termino pidiéndote perdón.

Si tu cada imperfección,

me lleva hacia la perdición,

entonces eres más fenomenal,

que cualquier criatura astral.

Tu cada debilidad,

te convierte cada día más especial.

Tu fragilidad,

hace que yo, cada vez más,

te quiera apreciar.

Y tu tanta complejidad,

aumenta más en mis ojos, tu sensualidad.

La forma misteriosa en la que piensas,

quizás sea un enigma para la eternidad.

Puede que nunca la logre descifrar,

pero me contento,

con que me dejes intentar.

Mediante ti, es que puedo yo, creer en Dios.

Puedo creer en sus promesas,

al escuchar tu voz.

Contigo a mi lado,

puedo creer que exista Paraíso,

y que el poder de Dios

tiene que ser infinito.

¿Pues de que otra manera

pudo crear un ser tan divino?

Y tiene que ser misericordioso,

como para haberte puesto en mi camino.

Pues yo, que quizás no te merezco,

y me enorgullezco,

de que seas tú,

una mujer quizás imperfecta,

la que Dios haya elegido

para que seas parte de mi destino...

Serás triunfador...

Otro despertar, un nuevo día.

Ayer ya se fue, mañana lo será.

Pero HOY, sigue transcendiendo todavía.

Así que HOY, te levantarás, y en ti creerás.

HOY, tomarás el control

y no tan solo sobrevivirás.

Si no que HOY, saldrás armado de valor,

y HOY regresarás convertido en un triunfador.

Ya que serás desde HOY, el gran conquistador,

de ti mismo y de todo lo que te rodea.

HOY, echarás hacia atrás la marea,

te desprenderás de tu cada miedo,

y le gritarás al mundo: ¡YO SI PUEDO!

Fe Perdida

Mujer...

has vuelto a caer...

Estas sufriendo lo sé,

y has perdido la fe...

Y qué se puede hacer

cuando la fe se encuentra ya perdida?

Cuando se ha perdido el sentido a la vida,

y lo que ahora quedan son las heridas?

Como quisieras darle atrás al tiempo.

Como quisieras borrar

cada triste momento.

Y quien no quisiera quitar cada lamento,

cada agonía, cada recuerdo

de sufrimiento?

Pero, sin cada cantazo, sin cada fracaso,

acaso, seriamos los mismos?

O serán entonces, nuestras circunstancias

lo que nos convierte

cada vez más especiales?

Cuando pierdas la fe

busca el porque y recuerda que:

luego de la tormenta

siempre sale el sol,

luego de cada desamor

el corazón de nuevo resplandece

como la más radiante flor.

La vida tendrá sus amarguras,

sin embargo es mucho más

el contenido de sus hermosuras.

Así que nunca pierdas la esperanza.

Siempre mantén la fe y se positiva,

pues mientras aun exista aliento

siempre habrá lugar

para una última batalla...

Cada tristeza cesa con una sonrisa.

Y la fe de nuevo renace, al sentir la brisa...

Validar Mi Querer

Yo, hoy, soy más fuerte que ayer.

Ahora que he aprendido a validarme

por mi propio querer.

Ya no me dejo caer, ni me dejo convencer

por quienes no tienen mi mejor interés.

Así que no traten de matarme,

sobre-pasarme, ni detenerme.

Porque yo siempre voy a superarme,

restaurarme, levantarme.

Yo siempre soy sincero,

con corazón de guerrero.

Porque no hay otro quien

pueda ser como yo.

Y no hay otro quien

tenga las mismas destrezas que yo.

Así que nunca temeré

de dar lo que doy.

Y siempre me enorgulleceré

de estar en donde estoy.

Porque siempre he luchado,

y me he fajado,

por todo lo que tengo hoy.

Cada uno de mis problemas,

sé que los venceré.

Cada día, a mi papito Dios,

las gracias le doy.

Y aunque entre tinieblas yo camine,

jamás yo temeré…

Mujer Recuperada

Mujer soltera,

la que nunca anda

sin el maquillaje en su cartera.

Has sufrido, has llorado,

pero ya con el tiempo te has recuperado.

Ahora un nuevo mundo te espera,

para que te aproveches de él

y hagas lo que quieras...

Ya has aprendido,

a no entregar tan libremente tu corazón,

que cada error cometido,

y todo lo sucedido,

fueron por una razón,

para que puedas apreciar mejor la vida

y saber que esta en tus manos tu destino.

Solo tú tienes la elección

de con quien quieres ser compartida

en el atravesar de tu camino.

Solo tú puedes lograr,

lo que tanto sueñas,

por lo que tanto esperas.

Mujer recuperada,

solo tú tienes el poder de la felicidad,

y el poder de obtener lo que más anhelas...

INSUPERABLE

Yo, yo, yo, yo nunca voy a rendirme,

y por más que tú quieras

despreciarme y desprestigiarme,

yo jamás voy a quitarme.

Porque soy...

INSUPERABLE,

y ya jamás, volveré a ser vulnerable.

Ni me dejare humillar, hable quien hable.

Aunque se me caiga el mundo encima,

yo siempre seguiré luchando

hasta llegar arriba

hasta que mis metas y mis sueños

yo los consiga!

Si yo pudiera cambiar esta vida!

No haría nada diferente!

Porque cada una de mis heridas,

me ha hecho hoy, mucho más fuerte!

Así que nunca dejes que nadie te cambie,

mejor tu cambia la gente!

Siempre lucha por lo que te apasiona,

porque solo tú tienes el talento

y hoy es tu momento.

Así que nunca te rindas,

hasta que no hayas logrado

aquello por lo que tanto has luchado…

Sobre brillarás

Cree que en todo hay alegría,

y nunca dejarás de sonreír.

Cree que hay esperanza,

y verás tu cada deseo cumplir.

Cree que existe,

y lo verás hecho realidad.

Cree que eres fenomenal,

y Hoy, brillarás más que los demás!

Soy Mi Propia Creación

Soy quien soy,

sin importar de donde venga,

ni hacia donde voy.

Soy el que a veces falla,

pero el que nunca calla,

todo lo que sea,

que contenga mi corazón...

Soy la razón de mi cada motivación.

Soy la dulce melodía de mi cada canción.

Soy la luz que me llena de plenitud.

Soy la belleza de mi cada virtud...

Soy la bendición

que me brinda mi Creador.

Soy el fruto de mi propia creación.

Soy el resultado de mi cada ejecución.

Soy el sueño realizado

de mi cada planificación...

Soy quien soy y sé hacia donde voy.

Todo de mí siempre lo doy.

Siempre estaré orgulloso

de quien soy hoy, mañana y siempre.

Y no me importa ser diferente,

ni nadar contra la corriente,

ya que soy más que tan solo suficiente.

Soy la máxima expresión

de mi propia creación.

Y tengo total control sobre mi destino,

ya que soy Yo,

quien elijo mi propio camino...

Siempre seré quien quiero ser.

Y siempre seré aquel,

quien mis ojos quieren ver...

Princesa Redimida

Mujer que has sobrevivido al ayer,

te has podido fortalecer,

y tu corazón empieza a renacer.

Mujer que has arrancado el pasado de tu piel,

ahora podrás volver a definir tu ser...

Princesa lastimada, es cierto que has sufrido,

que has llorado, y que has sacrificado.

Tus esperanzas hasta lo más alto han volado,

para solo terminar en el suelo, destrozados.

Ahora sientes que todo tu amor se ha agotado.

Pero te tienes que recordar,

que para verdaderamente vivir,

hay que reír, hay que llorar,

hay que conocer lo que es sufrir,

para así verdaderamente llegar a saber

lo que es sentir…

Y ese cuento de hadas, que tanto esperas,

debe sobrevivir,

dolor y amarguras antes de poder obtener

su final feliz.

Y ese príncipe, que ahora se fija en ti,

cuando más te hallas decepcionada,

ese que puede ver más allá de tu mirada agonizada

merece ahora la oportunidad de sanar tus alas.

Para que así dejes, de una vez por todas,

de estar sufriendo a solas.

Pues tú, que todo lo has sufrido,

que todo lo has perdido,

que has atravesado,

todas las dolencias de lo vivido,

ahora lo que te resta es levantarte, restaurarte,

hasta que tu honor y tu orgullo lo hayas redimido.

Recuperarte hasta haber retomado tu valor,

y tu corazón de nuevo lo hayas nutrido.

Así que, que mejor que un nuevo amor,

para ayudarte a sanar el dolor de lo sucedido.

Un nuevo amor, para ayudar a hallar esperanzas

y a reencontrarle a la vida su sentido...

Intentos

Tu pasado no define quien eres.

Tus errores,

no impiden que tú seas quien quieres ser.

Tienen razón, erraste y tropezaste,

lo intentaste y de nuevo fallaste.

Distes el corazón, y tan solo fracasaste...

Pero, lo importante

es que te atreviste,

y te lanzaste.

Te arriesgaste

y lo experimentaste.

Hoy, eres más sabia y valiente que ayer.

Hoy ya perdiste el miedo,

y Hoy, al fin, te das cuenta,

que si en ti crees,

lo puedes lograr.

Ahora, levántate con orgullo,

y mirad al mundo

que ahora es Tuyo!!!

Triunfare!

Triunfare!

No importa cuando veces caiga,

si no cuantas veces me levante.

Yo siempre seguiré hacia adelante,

ande o no ande...

Triunfare!

Hoy dejare mis miedos de cobarde,

y le demostrare al mundo

mi lado más valiente...

Triunfare!

Esta vez sí que no fallare, ni me rendiré.

Y cada una de mis metas las cumpliré...

Triunfare!

Aunque el mundo se oponga,

aunque el tiempo se detenga...

Triunfare!

Y nunca cesare

de poner todo mi empeño

en cumplir mi cada sueño...

Indomable

Moriré soñando,

por lo mío luchando,

y en los míos pensando...

Esta vida,

me ha dejado lleno de heridas.

Pero siempre he encontrado la salida.

Aunque este mundo quiera

verme a la deriva,

siempre hallare como mantenerme arriba.

Conozco mis sueños, sé lo que quiero.

Soy quien elijo mi camino

y forjo mi destino.

Soy quien enmienda sus errores,

y quien va en busca de días mejores.

Después que siga de pie,

nunca perderé la fe.

Nunca me rendiré,

y mi cada sueño lo alcanzaré.

Yo sí sé que puedo,

aunque a veces tenga miedo.

Ya que soy imparable, insuperable,

y con el corazón indomable.

Dejare a un lado la cobardía,

y me vestiré, desde hoy, de valentía,

para proseguir mis metas, día tras día...

Alcanzarás La Cima

Hoy te levantas Positiva.

Nada te enfada,

nada te lastima.

Nada hoy es imposible.

Todo se ha vuelto factible.

Y sin nada que te detenga,

verás como hoy:

Alcanzarás la cima...

Despiertas

No eres feliz…

Finges que todo anda bien.

Pero, por dentro sabes que no es así.

Andas decepcionada, andas desilusionada.

Te cuestionas como llegaste hasta aquí;

Cómo fuiste tan tonta en elegir?

Pero te sientes obligada a no huir.

Cada noche te arrepientes, un poco más…

Cada noche, no cesan las lágrimas…

Pero ahora ya, al fin despiertas.

Y ahora, al fin, abres la puerta…

Y te marchas…

En busca...

de lo que en realidad te apasiona.

En busca...

de ser tu propia persona.

Recuerda que la vida

y felicidad que desees,

solo llegará, cuando tú misma te la brindes.

Así que nunca te rindas,

hasta no hallar la realidad

que te mereces...

Fiera

Pa' llegar a la cima,

no es cuestión de suerte.

El que llega,

es quien se ha hecho más fuerte.

Así que lánzame con todas tus piedras.

Lánzame con todo lo que creas

que me hiera.

Lo que tan solo lograras,

es que salga la fiera.

La que mantenía guardada,

la que mantenía callada.

Pero la que tú ahora,

al fin, has desatado…

Ahora corre, por que ando liberada.

Y ahora soy, quien verdaderamente soy.

Esta, quien tu puedes ver hoy;

con mis limitaciones,

con mis imperfecciones.

Pero la que desde ahora en adelante,

vivirá sin restricciones.

Aunque existan oposiciones,

confiaré en cada una de mis decisiones.

Siempre seré quien quiero ser,

sin importar lo que diga

cualquier hombre o mujer,

y tan solo me guiare

por cada anhelo de mi ser...

Superior

Cuando la vida parezca injusta,

y cada nueva cosa te asusta,

mira en tu interior

y recuerda que tú eres superior;

que cualquier miedo,

que cualquier persona,

que cualquier situación.

Eres tú la creadora de tu cada decisión.

Eres tú la que va

en busca de lo que quieres

Eres tú la que eliges

que es lo que tu prefieres.

Y eres tú,

única entre billones de mujeres.

Cuando las cosas no salgan a tu manera,

solo espera, síguelo intentando,

y muy pronto, verás como lo superas...

Perspectiva

Perdiste?

Que va, todo es cuestión de perspectiva.

Cada imperfección

me convierte más real.

Cada equivocación

me convierte más original.

Y cada fracaso,

me convierte más sensacional.

Perfecta?

Depende de tu perspectiva.

Desde lo superficial, quizás sí,

hayan cosas que tenga que mejorar.

Pero todo dependerá de mi disposición.

Pues quien tiene mejor posición

para influenciarme a tomar cada decisión?

Solo soy yo quien decido

las experiencias que desecho,

y aquellas con las que me quedo.

Ganaste?

Claro que sí,

adquiriste experiencias que no tenías...

Forjador de mi destino

La vida a veces duele,

despiertas pensando que ya no se puede.

Despiertas con tremendo dolor de cabeza,

pensando en tantos problemas

que vienen y no cesan...

Sé que fui un tonto,

por alejarme de tus brazos.

Y me culpo a mí mismo

por todos mis fracasos.

Ahora mi corazón se va rompiendo,

pedazo por pedazo...

Pero, así es la vida,

y de cada error se aprende.

Y si tú ya no me quieres,

entonces, es hora de probar mi suerte.

Y quizás pueda encontrar

otro querer

que me pueda amar,

como tú una vez me amaste.

Y si ya tú no me quieres, como antes,

entonces de mi corazón voy a desgarrarte.

Y seguiré mi camino hacia adelante...

Voy a dejar de estar sufriendo.

Dejaré de que me sigas hiriendo,

y dejar de estar corriendo.

Empezare ahora a estar viviendo,

todo lo bueno sintiendo,

mis metas consiguiendo.

Porque soy el dueño de mi propio destino…

Ya me canse de ser cobarde.

Ahora seré más valiente que antes.

Y ahora seguiré mi camino hacia adelante.

Todo lo que quiero lo voy a lograr,

y todo lo que me proponga

lo voy a continuar…

Con todas mis fuerzas,

proseguiré,

esta vez, sí que no fallare,

y todo lo alcanzare.

Porque soy el forjador

de mi propio destino…

Moldeando mañana

El ayer

es producto de tus decisiones.

El mañana será

el resultado de tus acciones.

Aprende del ayer,

que te hizo crecer,

y moldea el mañana

que quieres obtener…

Mi Meta La Cima

"Mi meta, la cima,

aunque se me derrumbe

cada montaña encima..."

"Mi destino el progreso,

aunque se me caiga

el mundo de regreso,

mi corazón me guiara

en el proceso...."-

Digna

Todas tus memorias

son dignas de tu honra.

Tu cada experiencia, es otro paso que das,

en la búsqueda de tu identidad.

Cada vez que te enfrentas con tu realidad,

y le prevaleces a la oscuridad,

es otro triunfo que recauda tu alma.

Otro fruto que te regresa a la calma.

Tu lucha diaria es la que te transforma,

la que te hace madurar y te moldea

hasta ser quien eres hoy en día:

Fuerte, persistente, luchadora.

Hermosa, elegante, cautivadora.

Simpática, inteligente, encantadora...

Nunca dejes que otros restrinjan tu persona.

Puede que tú seas para alguien,

aquel ser especial,

que lleven buscándote tantas horas,

pero sin poder hallarte,

por tú mantenerte a solas.

Es tu magia al expresar, tu seducción al mirar,

la sensualidad de tu caminar, tu pasión al besar,

y los escalofríos de tu acariciar,

lo que a cualquier hombre enamora...

Pero escoge solo el que más te convenga,

el que te deje ser tu misma y no te detenga.

Y verás como te sentirás complacida,

sin memorias que te mantengan sufrida.

Sintiendo solo el regocijo inmenso

de disfrutar de la vida...

Niña de soledades

La oscuridad creciente

que en su sombra esconde,

los deseos de tu corazón

febril e anhelante...

Llegas hacia mí,

cohibida y marchitada flor,

con tus ojos agotados

y perdido su esplendor...

La oscuridad creciente

que se adueña de tu existencia,

y te mantiene aislada

en esta amargada sentencia.

Vasija desangrando deseos,

alma perdida por caminos desolados.

Tu forma de ser, una vez de enamorada,

ahora solo de triste e agonizante mirada.

Tus esperanzas,

gritos agonizantes de tu pasado.

Tu existencia,

un destino de sueños destrozados.

Eres belleza en sufrimiento.

Criatura de luz velada en agonía.

Martirio de eterno lamento...

Niña que una vez,

ilusionabas con ser amada.

Niña que una vez,

caminabas con lujuria en tu mirada.

Y que deseabas ser para uno sólo,

la más deseada.

Cómo pudo tal deseo

llevarte hasta donde te hallas ahora,

en el cual conoces más que el dolor

y tu alma llora?

Ven a mí, mi niña de soledades.

Déjame consolarte entre mis brazos.

Aliviar de tu alma, sus ansiedades.

Borrar de tus ojos, sus fracasos.

No me temas, mi amor,

solo intentare guiarte hacia la luz.

Ayudarte a retomar tu virtud,

que juntos,

llevaremos al cielo tu clamor...

Canta conmigo mi amada.

Regocija que un nuevo día se aproxima.

La amargura

la abandonas en tu almohada,

y la felicidad de nuevo te reclama...

La oscuridad menguante,

que en su retorno revela,

los deseos de tu corazón

que ahora si sueña y anhela...

Te alejas de mí,

ya extrovertida e rejuvenecida flor,

con tus ojos esperanzados

y resplandecientes de amor...

No culpable

Veo en tus ojos

que estas lastimada.

No me puedes engañar,

pues lo veo en tu mirada…

Te encuentras pérdida,

con tu alma herida

y te tienen convencida,

que eres una malvada.

Estas cohibida,

y le lloras a tu almohada…

Nena, no hay porque temer,

pues la culpa la tiene él.

Mujer, no hay porque llorar,

pues no has hecho nada mal.

Él fue el que desde el principio,

te mintió.

Luego te convenció

a tomar el rol de amante,

Y a ti te gustó,

aunque fuera prohibido,

el peligro parecía emocionante.

Nena, no hay que buscarle sentido,

en que te haya gustado lo prohibido.

Solo te dejaste llevar

por tu deseo carnal.

Te dejaste ilusionar,

por promesas que te iban a amar.

Ahora tienes que aprender

a dejar tu miedo

para que puedas volver a restaurar tu ego.

Imagina que lo que sucedió,

solo fue un juego,

en donde tuviste que aprender,

a perder...

Pero, ahora te levantas del suelo,

a proseguir tú camino,

e emprender un nuevo destino...

Falsa Negación

Un día nos miramos,

nos hablamos y nos conocimos.

Luego nos deseamos,

disfrutamos y nos quisimos.

Fue tanto lo que nos envolvimos,

que locos de amor nos volvimos...

Yo, yo, yo, yo,

no puedo borrarte,

y por más que quieras

no puedes olvidarme.

Nuestros momentos juntos

fueron inolvidables.

Cada minuto juntos,

eran insaciables.

Tan solo recuerda,

cuando éramos amantes.

Tú, no podías despegarte,

y yo, tan solo quería amarte.

Entonces, porque vienes ahora

y quieres negarme?

Dime, porque niegas nuestro pasado?

Porque niegas que haya sucedido?

Dime, porque niegas haberme amado?

Porque niegas haberme querido?

Si me lo decías con tu cada mirada,

desde la manera en que caminabas,

hasta como solita en tu cama,

conmigo soñabas...

Dime, porque vienes ahora y lo niegas?

Porque destruyes mi corazón y te ciegas?

Porque vienes a destruirlo todo,

a cubrirlo de lodo?

Pero yo, te seguiré queriendo de todos modos.

Pues sé que te encuentras confundida.

Herida, y hasta media resentida

por como nos ha tratado la vida.

Pero, aunque casi todo lo hemos perdido,

juntos lo hemos sobrevivido.

Y lo que no nos mató, nos ha fortalecido...

Dime, porque negar

que una vez nos amamos?

Porque negar que estuve entre tus brazos?

No sigas con esta falsa negación

que solo cerrará tu corazón.

Si ya no quieres aceptar mi amor,

al menos acepta que una vez sucedió.

Aunque ya no estemos juntos los dos...

Tan solo dime,

porque negar lo que te hizo soñar?

Aquella fantasía hecha realidad

que hizo de lo nuestro, más allá,

que tan solo necesidad.

Dime, porque negar que fui yo,

aquel amor tan especial,

el cual tu corazón

jamás podrá olvidar?

Sin necesidad de ti

¿Hola bebé,

dime como te va en tu nueva vida?

Dime si aún sigues con él,

o si aún piensas en mí?

Dime si ya me has podido olvidar,

o si aún sueñas con regresar?

De mi yo te diré,

que ya yo te olvide!

¡De mi mente ya te borré,

y de mi corazón te descarté!

Aunque te admitiré,

que me costó levantarme del suelo,

donde me dejaste tirado,

tan angustiado, frustrado.

Pero ya me he recuperado,

de nuevo superado,

y sin necesidad de tenerte a mi lado.

Porque he encontrado un nuevo amor.

Quien ha sabido devolverme mi valor,

ayudarme a borrar el dolor,

las heridas de tu partida,

y le ha dado nuevo sentido a mi vida.

Ahora solo te deseo lo mejor,

y que hayas aprendido de tu error;

que al amor no hay porque tenerle temor.

Si uno de sus protagonistas decide huir,

siempre habrá quien tome su rol.

Yo que pensaba que sin ti,

no habría sol,

pero he redescubierto al universo

en todo su esplendor.

Ojalá encuentres tú también,

quien pueda hacerte sonreír,

quien logre hacerte tan feliz,

como ahora lo soy yo, sin ti...

Dulce agonía

Dulce agonía,

tenerte entre mis brazos,

sin sentirte mía.

Lenta tortura

que le roba a mi alma

su armonía.

Dulce agonía,

tener tus labios tan cercas,

sin poder besarlos.

Dulce agonía,

ver tus ojos tan tristes,

sin poder consolarlos...

Dulce agonía,

cuando mi corazón se alborota,

cada vez que tú me tocas,

y tener que contenerle su desembocadura.

Dulce agonía,

contemplar tanta hermosura,

y tener que conformarme

más que con tu ternura...

Dulce agonía nuestra amistad,

pues aunque la prefiero

antes que perderte,

logrará solo por enloquecerme.

Te quiero demasiado,

como para querer estar confinado

a ser solo tu amigo.

Siempre voy a esperar más,

buscar el camino hacia donde tu corazón esta.

Buscar nuevas maneras de conquistarlo,

y demostrarle que yo solo quiero amarlo...

Dulce melodía

tu corazón y el mío,

palpitando al son

de un solo latido...

Invasora Tristeza

La tristeza a ciegas, navegando a medias,

transitando sin rumbo, pero sin frenos.

Caminando sin destino fijo,

pero sin detenerse.

Sola naufragando,

enloquecida y perdida por la vida.

Esparciéndose toda, mezclándose en todo,

sembrando sus raíces,

clavándose en lo más profundo.

Derramando sus lágrimas

sin murmullos, sin llanto,

Lentamente agonizando sin esperanzas,

sin canto.

Sola enfurecida,

batallando y venciendo a la alegría.

Pequeña, ruda, silenciosa y letal,

minúscula venenosa que todo contamina.

Destruyendo todo sueño,

todo recuerdo de felicidad.

Diminuta invasora,

que se alimenta de la duda,

de la inseguridad,

de la indecisión, del tiempo.

Fortaleciendo los miedos,

engrandeciendo el temor.

Pequeña avalancha

que pisotea todo en su trayecto.

Ella es la insistente, siempre consistente.

La que habita en cada pensamiento,

en cada respirar e exhalar de aliento.

La constante que nunca abandona,

la barrera impenetrable.

La que se esconde a plena luz del día,

se encarama a plena vista,

y empieza tan imperceptible.

Es ella la que ignoramos

por no quererla ver,

engañándonos nosotros mismos

al no quererla reconocer.

Pero, siempre por más que no queramos

nos logra vencer.

Prefiriendo tomarnos al descuidado,

cuando más confiados estamos.

Haciendo de nosotros lo que quiere,

víctimas de su sombrío capricho….

Amnesia De Amor

Vasija de sufrimiento y lástima.

Isla inundada por mares de lágrimas...

Te sientas a mirar las estrellas,

queriendo volar hacia donde ellas.

Pero, vives tan agobiada en tus penas,

que ya no las puedes apreciar.

Por dentro te hallas tan vacía,

todo es tan solo tristeza y agonía.

Se te ha olvidado como reír,

hasta se te ha olvidado soñar.

Ahora solo sabes sufrir,

y ahora solo sabes llorar...

Tienes tanta amnesia de amor,

que lo único que conoces es dolor.

Poco a poco se te esfuma la memoria,

cada momento feliz, cada historia.

Hasta se te olvido, como todo empezó,

cuando fue, que la ilusión se desvaneció.

Solo te acuerdas que un hombre te hirió,

y desde ahí, tu corazón se oscureció...

Ahora vives entre tinieblas atrapada.

Tan aislada como una isla desierta,

solitaria, sin recuerdos, sin palabras

y sin nunca poder regresar atrás...

Amor Deslizo

Llega la mañana y despierto,

otro día pero el mismo cuento.

Otro despertar sin final feliz,

otro amanecer que se torna gris.

Sueños sin cumplir que desaparecen,

esperanzas que se desvanecen...

Te busco y no te encuentro.

Salgo a la calle y no te veo.

Te busco y no te encuentro.

Salgo a la calle y no te veo.

Llevo tanto tiempo buscándote,

imaginándote!

Esperando para ver,

cuando es que tú vas a aparecer.

Buscando sin saber,

ni siquiera quien tú puedas ser.

Esperando para ver

cuando nos podamos conocer,

para que el amor empiece ya a nacer.

Y empiece ya, de una vez, a florecer...

Pero ya he empezado a desesperarme!

Ya he comenzado por enloquecerme!

Con estas ansias tan grandes

que tengo de encontrarte.

De poder conocerte,

sentirte y hablarte.

De poder verte,

tenerte y abrazarte!

Tanto tiempo en busca del amor,

sin poder sentirlo.

Tantos intentos,

pero sin poder conseguirlo.

Tantos días añorándote,

tantas noches deseándote.

Y tú también

al otro extremo, buscándome...

Tú tanto tiempo y sin poder hallarme.

Tú queriendo y sin poder hablarme.

Tú y yo queriendo,

pero sin poder hallarnos.

Tú y yo necesitando,

pero sin poder consolarnos...

¿Serán culpables nuestros destinos,

por mantenernos aislados

en tan distantes caminos?

¿O será que aún,

no nos ha llegado el momento

de poder encontrarnos,

conocernos y amarnos?...

Dejar atrás el ayer

Mujer, mujer!

Yo no sé lo que tu esperas de mí?

Yo nunca quise engañarte,

y mucho menos ilusionarte.

Sabes que lo nuestro solo fue placer,

lo nuestro solo fue placer!

Juramos disfrutar del momento,

sin dejarnos llevar por sentimientos.

Y no te miento,

también te llegue a querer.

También estuve ansioso

por volverte a ver.

Pero es hora de borrar ese papel,

y de dejar atrás el ayer...

Si ya nos conocimos y nos complacimos.

Si nos envolvimos

y cumplimos todo lo que quisimos,

entonces para que seguir?

Si juramos nunca amarnos,

juramos no ilusionarnos,

entonces, ahora para que lastimarnos?

Para que mentir?

Para que seguir el mismo juego?

Para que seguir a lo ciego?

Si yo no te convengo,

y tú no me convienes,

entonces, para que fingir?

Lo nuestro solo fue a conveniencia,

en busca de una diferente experiencia.

Donde satisfacíamos nuestra necesidad,

haciendo de un sueño realidad.

Donde ambos perdimos la cordura,

y nos saciamos de locura.

Si ambos, hemos sufrido

por dejarnos llevar por cupido,

entonces para que creer en el amor?

Para luego solo arroparnos en dolor?

Mejor sigamos sin preocupación,

sin tener que terminar en la traición.

Sé que te dolerá un poco ahora,

pero te dolerá aún más, si más perfora.

Juramos disfrutar del momento,

sin dejarnos llevar por sentimientos.

Y no te miento,

también te llegue a querer.

También estuve ansioso

por volverte a ver.

Pero ya es hora de borrar ese papel,

y de dejar atrás el ayer,

y de dejar atrás el ayer...

Cuando solías ser feliz

Dime bebé, dime que es lo que ves,

cada vez que te miras al espejo?

Cada vez que observas tu reflejo?

Dime cuál es tu miedo,

dime cuál es tu anhelo?

Dime si crees en el cielo,

dime que te lleva al desesperó?

Dime si ves lo que una vez fue,

como un cuento de hadas?

Recuerdas cuando estabas tan enamorada?

Cuando junto a mí,

te encontrabas ilusionada?

Dime entonces que hice

para dejarte decepcionada?

Dime el motivo por el cual

ahora me dejas...

Dime si soy la razón por cual

ahora te alejas?

Dime si te acuerdas cuando eras feliz,

cuando tus labios no dejaban de sonreír?

Cuando tu cuerpo, sin pensarlo,

se entregaba a mí?

Cuando nuestras bocas se besaban

con tanto frenesí?

Entonces que pasó,

porque el amor cesó?

Sería yo, o sería cuestión de los dos?

Porqué es que no pudimos seguir

enamorándonos?

Será que perdimos la fe en el amor?

O será que dejamos de responder

a su clamor?

Solo dime, si la que ves en el espejo,

podrá ser feliz.

Pregúntale, si le irá bien sin mí,

y si te contesta que sí,

entonces le deseo lo mejor en su porvenir.

Pero dime si se apiada al verme sufrir,

pues a mí sí me dolerá al verte ir.

Me matarán los recuerdos

de lo que me hiciste sentir...

Me matarán los recuerdos

de lo que me hiciste sentir...

Decidiste

Te estremeces,

pensando en el amor que te mereces.

Sueñas con un príncipe

que te rescate y te bese.

Pero te vas con el primero

que toca a tu puerta.

Con aquel primero,

que la curiosidad despierta.

Te vas,

sin saber si te apreciara, tal como eres.

Te entregas,

sin saber si él será como lo que soñaste.

Y sin saber,

si aceptara cada una de tus imperfecciones.

Decides dejarte llevar por la ilusión,

por palabras arropadas en pasión.

Y le desnudas el alma y el corazón...

Decidiste,

irte con lo primero que vistes.

Sin pensarlo,

te entregas, sin conocerlo.

Te lanzas,

pero luego te arrepientes.

Te arriesgaste,

pero al final perdiste...

Indecisión

Ella pide más tiempo,

tiempo que se pierde,

tiempo que no vuelve.

Y es que ella no puede decidirse,

en si quiere quedarse o quiere irse.

Y poco a poco, ella va enloqueciendo,

mientras lentamente, me va perdiendo...

Pasan los segundos y ambos sufriendo.

Ella cuestionando

todo lo que está sintiendo;

puñaladas de hielo que me van hiriendo,

tragos amargos que bajan solo con dolor...

Mujer, sabes que nunca quisiera perderte.

Lo nuestro no fue, a cuestión de suerte.

Si no que fue creciendo

hasta que se volvió más fuerte.

Te fui conociendo

hasta que llegue a quererte.

Luego te fui queriendo

hasta que llegue a amarte.

Y bajo ese amor,

prometí nunca abandonarte.

Pero, si hoy quieres espacio,

entonces, prometo liberarte.

Solo te advierto,

que luego, nada será como antes.

Si decides marcharte,

que sea por algo importante,

ya que lo arriesgarás todo,

en ese solo instante...

Pues el amor

es como un jardín de muchas rosas,

con buen cultivo,

ellas se volverán aún más hermosas.

Pero, si dejarás de echarles agua,

se marchitarán.

Y si les quitarás el sol,

tan solo se morirán.

Es tu cariño,

el agua que alimenta nuestro amor.

Sin él, se desnutrirá,

al igual, que lo haría una flor.

Y si te alejaras,

sería como quitarnos el sol.

Y sin sol,

se esfumará hasta convertirse en desamor.

Pero, si aún deseas

poder darle su salvación,

entonces dime,

todo lo que hay en tu corazón.

Si no sé tú pensar,

nunca las podremos igualar.

Tampoco puedo cambiar las cosas,

sin saber que cambiar.

Y no te podré conceder,

sin saber que has de necesitar.

Solo te pediré,

que por favor,

no mates nuestra ilusión.

Avanza, y has tu elección.

Termina ya

con esta indecisión,

antes que nos dirija

hacia el camino de la equivocación...

,

Entre niña y mujer

Entre niña y mujer,

me logras enloquecer.

Niña en busca de placer,

mujer que teme volverse a enamorar...

Niña extrovertida,

motivada a disfrutar de la vida.

Vives de ilusiones, de tantas emociones.

Niña que busca disfrutar del momento,

sin tener que indagar cada sentimiento.

Mujer indecisa,

que todo lo cuestiona y lo analiza.

Vives llena de decepciones y traiciones.

Te han lastimado tanto, que ya no confías.

Mujer con corazón

que encierras y callas…

Entre niña y mujer,

el que termina perdiendo soy yo,

ya que me entre pongo entre las dos

y terminamos hiriéndonos…

No más a solas

¿Por qué te encuentras tan seria,

tan preocupada por la materia,

solo enfocada en salir de la miseria?

¿Por qué vives tan agobiada,

cada día más y más agitada?

¿No sabías que el amor no tiene precio,

que es de gratis el cariño y el aprecio?

Sé que a veces te mata la soledad.

Es tan frustrante que te llena de ansiedad.

Y en tu necesidad solo quisieras llorar.

Pero ven a mi nena, y comencemos a soñar.

Solo ven a mi nena, y comencemos a soñar...

Sueña, sueña, nena que eres mi dueña,

en que en nuestro amor te empeñas,

y que llegar a tu corazón me enseñas...

Sueña con mundos infinitos,

que hacer el amor es tan exquisito,

que amar no es ningún delito,

y que soy yo, quien te necesito...

¿Ahora dime, cuánto te costó soñar?

¿Que hubo de malo en dejarte acariciar?

¿Y cuánto lucharás por ver ese sueño realizar?

Así que no pierdas más tiempo a solas,

en una triste esquina viendo pasar las horas.

Deja que yo me acerque a ti,

y no me preguntes.

Pégate a mí,

y deja que nuestros cuerpos se ajunten.

Que abrazaditos tu y yo,

y los temores sucumben.

Vente conmigo a la huida,

a naufragar por la vida.

A disfrutar del tiempo,

y a vivirnos el momento.

A empezar ya,

por crear nuestro propio cuento.

Pues las palabras a solas,

se las lleva el viento.

Mientras que las experiencias

se mantienen en el recuerdo.

Deja atrás, tus preocupaciones,

y libera todas tus pasiones.

Vámonos desde ya, para las acciones,

a crear todo tipo de reacciones.

Déjame desencadenarte las ilusiones,

y a desenfrenarte las emociones.

Ven, y soltemos toda la tristeza,

y disfrutemos del mundo y su riqueza.

Soltemos, de una vez, la amargura,

y conviértenosla en ternura.

Apreciemos la vida y su hermosura,

y verás como bien agarrada a mi cintura,

viviremos cada día,

como una nueva aventura...

Destinos

Nunca quise ilusionarte,

y mucho menos engañarte.

Pero todo lo que paso,

y todo lo que sucedió

solo fue un cuento de ayer...

No voy a engañarte,

me encanto,

cuando nos calentamos la piel...

Cuando lo hicimos...

hasta el amanecer.

Que mucho disfrutamos,

hasta juramos volver a encontrarnos.

Y como nos costó separarnos...

Pero llego el siguiente día,

ya amaneció.

Lo que ayer empezó,

ya se acabó.

Y el fuego que hubo,

ya se apagó.

Entonces, es hora de decir adiós!

Y ahora sigamos nuestro camino,

a ver que nos depara el destino...

Como soñabas?

Hola, cómo te encuentras?

Que hay de tu vida?

Dime, si sigues ilusionada,

tan enamorada, como solías soñar?

Dime nena, solo dime nena,

si es como soñabas, como anhelabas?

¿Dime, si fue o no,

cómo un sueño hecho realidad?

Cómo lo que esperabas con ansiedad?

Dime, si es lo que tú añorabas,

lo que tú deseabas,

lo que con tantas ganas, tú murmurabas?

O si solo terminaste decepcionada,

sintiéndote ahora tan traicionada,

y te encuentras perdida?

Si no es, como lo que tú esperabas,

yo aún, te esperó con la puerta abierta.

Esperando que vengas devuelta.

Porque yo también me equivoqué,

y te deje perder,

por culpa de mi inmadurez.

Pero esta vez,

te juraré, que no fallaré.

Por nuestro amor, siempre lucharé.

Te voy a complacer,

brindarte placer.

Así que volvamos a conocer,

lo que una vez,

dejamos nacer.

Volvamos a emprender,

lo que vimos crecer.

Y permitámosle enriquecer

con nuestro querer...

Contienes mis anhelos

Yo sé que aún te acuerdas,

de aquella noche,

cuando elimine de tu cuerpo

su cada derroche.

Y que todavía ansias,

que mis manos te toquen.

Que aún suspiras,

esperando que mis labios te aloquen.

Mi niña bonita,

mi corazón se agita,

cada vez que tú caminas,

cada vez que tú me miras,

más rápido palpita.

Porque tienes tanta hermosura,

tienes tanta elegancia.

Me motiva tu ternura.

Me inspira tu fragancia...

Sé que quieres volver a mirarme,

quieres de nuevo tocarme.

Quieres volver a besarme,

para que vuelvas a sentirte,

como te hice sentir aquella noche.

Y yo también,

quiero volver a tenerte,

quiero volver a saborearte.

Solo tu piel tiene la fragancia,

que a mí me inspira.

Solo tus labios contienen la sustancia,

que a mí me motiva;

A querer conocerte, a querer poseerte.

A querer enamorarte, a querer besarte...

Solo tú contienes,

todo lo que yo quiero.

Solo tu corazón posee,

todo lo que yo anhelo...

Llevo par de días,

deseando verte de nuevo

Llevo un par de días,

añorando tu regreso.

Niña, llevo días soñando,

por ti esperando.

Y ya he decidido,

que la próxima vez que te vea,

voy a confesarte,

lo que mi corazón desea...

Nunca me he enamorado

en tan poco tiempo,

nunca había tenido tanto empeño.

Entonces, cómo no quererte?

Cómo no desearte?

Cómo no extrañarte?

Si tu ser sostiene,

todo lo que podría imaginarme.

Tu cuerpo contiene,

todo lo que podría desearle,

Y tus ojos retienen,

todo lo que habré de añorarles...

Sinceridad de tu mirada

Te miro a los ojos,

y me dicen que me quieres.

Pues por más que quisieras,

ellos nunca podrán mentirme.

Y por más que lo intentases,

ellos ya no dejaran de extrañarme...

Por más que te resignes,

a no quererme,

o a querer alejarte,

en tu corazón

siempre vas a tenerme,

y en tu mirada

siempre podrás hallarme...

Sé que a veces,

no lo quisieras,

pero por las noches,

conmigo tú sueñas,

y si me acerco,

por más que pretendas,

sé que por dentro tú tiemblas.

Porque soy YO,

quien hago que te sientas,

como nunca antes te habías sentido.

Y solo soy YO,

quien te lleva,

a donde nunca antes

te habías atrevido.

Y aunque llevemos poco de conocidos,

siento como todo de ti,

quiere estar conmigo…

Y mueres por besarme

y mueres por acariciarme,

por poder siempre

sentirme tan cerca,

por tenerme entre tus brazos,

y poder amarme...

Así que no temas,

dale y ábreme la puerta.

Ya no sigas insistiendo

en querer resistirte.

Ven mírame a los ojos

y déjame decirte,

que de tu corazón,

nunca quiero irme...

Sé que a veces temes enamorarte,

temes perderte y no poder aguantarte.

Temes tu corazón tener que entregarme,

y que yo solo termine por lastimarte.

Pero la vida se trata de arriesgarse,

si de cada cosa,

siempre supiéramos el final

le quitaríamos su magia,

antes de empezar.

Prometo quererte, y prometo amarte,

amarte como más nadie te ha de amar.

Amarte cada instante, cada despertar,

en que lo nuestro ha de durar.

Aunque confieso, que quiero que sea

hasta nuestro último suspirar,

y que ni la muerte nos pueda separar.

Para así siempre poder habitar

dentro del fascinante mundo

de tu mirar...

Dulces Labios

Dulces labios

que quiero besar,

y de tus tan hermosos ojos

me quisiera enamorar...

Ojos de ilusión,

labios que derraman pasión...

Dulces labios llenos de amor

que quieren brotar,

y tus ojos tan desesperados

con querer amar...

Quisiera por ti,

enamorarme.

Solo a ti,

aferrarme.

Tener solamente tus bellos ojos,

mirándome,

y que tus labios sacien sus deseos,

besándome...

Dulces labios

que me logran seducir.

Besos tibios

que en mi alma se logran fundir,

y que a tus pies,

me hacen rendir...

Por qué negarnos?

Si tú tienes ansias de mí,

y yo tengo ansias de ti,

entonces, por qué negarnos?

Por qué no mejor, entregarnos?

Si tú tienes ansias de mí,

entonces, porque no venir?

Por qué no dejarte seducir?

No sé porque tú insistes,

en querer resistirte.

Si desde la primera vez en que me vistes,

tú misma lo decidiste,

que soy lo que siempre quisiste.

Él que te hace sonreír cuando estas triste,

en el que tú piensas cuando te desvistes.

¿Así que dime, por qué resistes?

Si llevamos ya,

tanto tiempo conociéndonos.

Si llevamos ya,

tanto tiempo deseándonos,

Entonces porque no ya,

entregarnos a la pasión?

Porque no ya,

envolvernos en la sensación;

De tú y yo, calentándonos;

de tú y yo, amándonos.

De tú y yo, calentándonos;

de tú y yo, amándonos.

Si tú tienes ganas lo sé,

y yo tengo ansias de ti, también.

Entonces por qué cohibirnos,

para que resistirnos?

Si podríamos pasar

toda la noche enloqueciéndonos.

Toda la noche devorándonos,

toda la noche enloqueciéndonos,

toda la noche devorándonos.

Beso a beso, jugando a la seducción.

Cuerpo, a cuerpo cayendo en la tentación.

Entre copas de deseo,

embriagándonos.

Al ritmo de la pasión,

complaciéndonos...

¿Nena, por qué negarlo,

que entre nosotros dos, pasa algo?

Algo que no podemos controlarlo,

y mucho menos ignorarlo.

Tú, muriendo de deseos,

que ya no puedes aguantarte.

Y yo, muriendo de pasión

que quiero entregarte...

Cuando podríamos estar, toda la noche,

abrazaditos los dos,

juntos amándonos.

Sucumbiendo ante el amor,

juntos amándonos...

Primicia

Como paloma en vuelo,

mal herida y buscando donde aterrizar,

te asomas por mi sendero.

Luces media cohibida y llena de miedo.

Apenas has logrado escapar

de tierras lejanas,

donde lo que hallaste

fue desprecio e abandono.

Ahora te encuentras navegando

por mares anchos

que prometen devolverte tu felicidad.

Aunque prometo ayudar sanar tus heridas,

y que lo nuestro será diferente,

temes.

Será que te acuerdas

de tus pasados fracasos,

y te detienes.

Te diría que no hay por qué temer,

pero, en realidad, yo también, temo.

Se me hace fácil decirte cuanto te quiero.

Pero, al querer decirte que te amó,

me detengo.

Es que tú eres la primicia de mi querer,

la primera en fundirte

en mi ignoto corazón,

y en despertarme

en esta nueva sensación,

llamada amor...

Recíprocamente

Tú me miras y yo te miró.

Tú suspiras y yo suspiró...

Tú me miras tan sensualmente,

y yo te miró tan fijamente...

Hasta que poco a poco vamos hablando,

poco a poco nos vamos conociendo...

Poco a poco nos vamos gustando,

poco a poco nos vamos envolviendo...

Y así de rápidamente,

vas dominando mi mente.

Tú me dices que me quieres,

y yo te digo que te quiero.

Y así de recíprocamente,

empezamos a amarnos desenfrenadamente.

No puedes detenerte,

no puedo detenerme...

Lo que quiero es tenerte,

lo que tú quieres es tenerme..

Quiero amarte locamente,

quiero saciarte apasionadamente...

Quiero besarte bruscamente,

hacerte el amor tan lentamente...

Y tú lo que más deseas es abrazarme;

tenerme entre tu pecho, por siempre,

para poder amarme...

Mi nena sensual

Mi nena sensual,

tú a mí, me haces temblar...

Tu cuerpo escultural, y tu dulce mirar,

me da escalofríos que no puedo evitar.

Y aunque no estés, no te puedo olvidar.

Y lo único que quiero es volverte a besar,

y lo que quiero es volverte a besar...

Sé que si quiero

me dejarías acercarme y hablarte,

que si quieres podría besarte y tocarte...

Provocarte hasta descontrolarte!

Que yo no daría por

acariciarte, y saciarte...

Y es que tú eres una mujer,

que no le teme al placer.

Y yo me frustro si no te puedo complacer.

A veces, ni lo puedo creer,

que tu estés entre mis brazos

brindándome tu querer.

Solo lo puedo entender,

cuando veo como poco a poco

nos calentamos la piel…

Cuando veo como poco a poco

nos calentamos la piel…

Mi nena sensual,

contigo no lo puedo negar,

que todo de ti, me ponga a suspirar.

Y tenerte cerca se vuelve en una necesidad.

Mis sueños contigo los quiero lograr.

Así que nunca dejemos

que lo nuestro se vaya acabar.

Para que todas nuestras fantasías,

juntos, las podamos probar…

Mi nena sensual,

yo sé que otra como tú

jamás voy a encontrar.

Solo tú, tienes la sensualidad

y la capacidad, que me podría enamorar…

Mi nena sensual,

viajemos hacia donde

siempre podamos estar;

arropados en nuestra pasión

y sin nunca cesar…

Deseos D'anhelos

Tanto tiempo en busca del amor verdadero,

pero siempre cayendo ante el más pasajero.

Fracasar más, ya no puedo.

Ahora de nuevo me levanto del suelo,

y mi corazón dicta lo que más anhelo...

Quiero alguien que me ilusione,

y no me abandone.

Que no me venda falsas promesas,

ni me decepcione.

Que no me mienta y jamás me traicione.

Que cuando me vea se emocione.

Que me diga que me quiere,

sin tener razones.

Que me haga saber sus intenciones.

Que me haga parte de su vida

y de sus decisiones.

Y que cuando mi alma se halle sufrida,

sepa que hacer, para que de nuevo sonría.

Alguien que me dedique su tiempo,

que me esparza de su conocimiento,

que comparta conmigo,

hasta sus más secretos pensamientos.

Y que nunca tema

en expresarme sus sentimientos.

Enamorarme quiero,

pero no con la primera persona,

si no con aquella que sea la más sincera.

Con aquella que al solo verla,

todo en mí, se emocione.

La que no le ponga a su amor ningún pero.

La que lleve mi mente al desespero.

La que me emocione con tantos deseos,

y que llene mi corazón de tantos anhelos.

Todo esto quiero,

para que no existan limites, ni detalles,

sueños, ni retos, que no podamos alcanzar,

y así podamos vivir, siempre esperanzados,

con nuestro amar...

Primer instante

Nos conocimos ayer,

pero, desde aquel primer instante,

he quedado tan fascinado

con tus ojos color miel.

Con todas esas promesas

que se esconden bajo tu piel...

Desde que te vi,

no supe más que pensar en ti.

Desde la primera vez, en que te conocí,

dejaste tus huellas tan marcadas en mí...

Y he querido conocerte,

cada día, aunque sea un poco más,

Y he querido convencerte,

que de mí, no hay porque dudar.

Pero solo el tiempo te dirá,

si en realidad, soy de confiar.

Y como es natural,

cada uno ha de cuestionar,

si esto que estamos sintiendo,

ha de durar.

O si es que con el mañana,

solo se esfumará.

Si al salir de nuevo el sol,

la llama se apagará.

Pero, eso será cuestión de los dos,

mantenerla ardiendo.

Pues esta en nuestras manos,

lo que estamos sintiendo.

Nos conocimos ayer,

pero desde hoy,

siento que no te quiero perder,

ya que en tus ojos

es que puedo ver,

todas las añoranzas de mi ser...

Eco en el viento

(Tu voz,

eco en el viento llamando mi nombre...)

Escucho tu voz,

y todas mis inquietudes se calman.

Aunque me hallase en tinieblas

es ella quien me rescata.

(Tu voz

recitándome tu amor por cada cumbre...)

El dulce sonido de tu voz

retorna mi claridad,

al ser ella la hipnotizante melodía,

a la cual las angustias de mi alma

se desatan.

(Tu voz en la lejanía,

impactándome con su pasión...)

Escuchar tu voz

es lo que más me alienta,

lo que me ilusiona

y me motiva hasta hallar mi armonía.

Cuando no estas,

es ella mi acompañante en la soledad.

La que me trae imágenes de ti,

mi razón de toda alegría...

(Tu voz,

dictándome los secretos hacia tu corazón...)

El mañana ya es hoy

Gracias al ayer

por haberte puesto en mi camino.

Gracias al ayer

por la oportunidad de habernos conocido.

Cómo es que en tan poco tiempo,

en mi corazón te has introducido?

Debes de tener cierta magia,

o será que era yo, el que estaba perdido?

Pues sin tus palabras de aliento,

sin tu amor, siempre andaba confundido.

Pero que desde que arribaste junto al ayer,

es ahora un nuevo mundo

lo que yo puedo ver.

Lleno de promesas, lleno de esperanzas

y que solo se reflejan en tus ojos...

El mañana ya es hoy,

y a tu lado me encuentro.

En tu corazón, ya he logrado introducirme,

y en algún rinconcito, habitando estoy.

En mi mente, siempre estas presente,

y en tus pensamientos,

soy la imagen más frecuente.

Y ahora siento,

que no quiero perderte.

Lo que una vez empezó,

se ha convertido más fuerte.

Y ahora mismo siento,

que se ha cambiado mi suerte.

Mi mundo se ha transformado

en algo maravilloso.

Pues mis ojos,

ahora pueden verlo tan hermoso.

Y mi corazón solo esta lleno de tanto gozo.

El mañana es ahora,

y te confieso que mi corazón te atesora.

Y que al pasar de cada hora,

más profundo en él,

tu rostro y cada parte de tu ser,

se perfora...

Amor en tus ojos/ (Love In Your Eyes)

Love in your eyes,

promising to be my guide.

(Amor en tus ojos,

prometiendo ser mi guía.)

Love in your eyes

my refuge to run and hide...

(Amor en tus ojos,

mi refugio hacia donde huir...)

Love in your eyes, my destiny.

(Amor en tus ojos, mi destino.)

Love in your eyes,

my guide towards eternity.

(Amor en tus ojos,

mi guía hacia la eternidad.)

Love in your eyes, my misery...

(Amor en tus ojos, mi miseria...)

Amor en tus ojos,

ilusionándome, atrapándome.

Amor en tus ojos,

enamorándome, aferrándome a ti.

Amor en tus ojos,

iluminándome con su pasión.

El amor reflejado en tus ojos,

conquistando mi corazón...

Amor en tus ojos,

inspirándome con su mirar.

El mundo reflejado en ellos, cautivándome.

La vida a través de ellos,

es más fácil de contemplar.

Amor en tus ojos, dándome esperanza.

A través de su luz, mi fe todo lo alcanza,

Y solo en su mirar,

esta puesta mi confianza.

Amor en tus ojos, guiándome, salvándome.

Amor en tus ojos, deseándome, hiriéndome.

Amor en tus ojos, ternura en tus labios,

pasión en tus acaricias,

el deseo en tu aroma...

Amor en tus ojos, lujuria en nuestro amar.

Love in your eyes, love in your every touch,

(Amor en tus ojos, amor en tu cada tacto,)

love in your caress, love in your every kiss.

(amor en tus acaricias, amor en cada beso.)

Amor en tus ojos,

amor en todo nuestro querer.

El amor en nuestros ojos uniéndonos...

Amor en tus ojos,

amor en nuestro cada atardecer...

<u>Millonaria</u>

Millonaria,

extraordinaria,

contienes tú

todo lo necesario

para disfrutar de tu vida,

a diario...

Hermosura, belleza,

inteligencia, sutileza,

eres tú,

la más radiante princesa,

nacida de la realeza.

Eres tú,

la más iluminante criatura,

evolucionada de la naturaleza...

Libre

Libre, que mereces ser libre.

Libre para pensar,

libre para expresar.

Libre para pensar

cada idea que puedas imaginar...

No dejes que la sociedad te restrinja.

Nunca permitas que otros te opriman.

Escucha cada opinión,

y llega a tu propia conclusión.

Escucha cada consejo,

y forja tu propia decisión.

Siempre escucha la razón

y rígete por tu corazón...

<u>Determinada- Mente Perfecta</u>

Soy Imperfecta,

pero cada día perfecciono,

mi determinación,

con mi cada acción.

Ángel guardián

Hoy mire hacia el cielo,

y vi que le faltaba luz.

Observe en él, un oscuro vacío,

que antes lo iluminabas tú.

Pues eres tú, ese ángel caído,

que ahora camina conmigo...

Eres la que me tomas entre tus alas,

en las noches de frío, y me das abrigo.

Eres la que me ayuda en mis batallas,

la que junto a mí lucha

y me mantiene protegido.

Eres la que me motiva a ser mí mismo.

La que siempre me saca del abismo,

y me eleva hasta llenarme de optimismo.

Eres tú, mi ángel guardián,

que aunque a veces ni lo notes,

que aunque a veces te enfade

y ya ni me soportes,

me haces sentir tan especial,

como si yo, fuese algo fenomenal.

Contigo a mi lado,

no existen retos que no pueda enfrentar.

Y cada instante unidos,

rápidamente, se convierte sobrenatural...

Bendecido

Nuevos retos, nuevas resoluciones.

Hoy, echaré a un lado

todas las preocupaciones,

y me enfocaré, este nuevo día,

en mis bendiciones.

Ya que todo el esfuerzo y positivismo,

que pondré para lograr todo lo que quiero,

todo lo bueno, ya me lo merezco!

Futuro Que Creamos

Vivimos, morimos,

y en donde terminaremos,

no lo sabemos.

Lo que en verdad importa,

son las personas que amamos,

las relaciones que forjamos,

el amor que implantamos,

las historias que contamos,

el mundo que dejamos,

y el futuro que creamos...

Una Sonrisa Tuya

La amargura se va,

la tristeza se aleja,

con cada sonrisa que me brindas.

Esa luz, proveniente del cielo,

que resplandece en tus labios...

Verte sonreír me hace tan feliz.

Así que siempre sonríe,

y Reparte...

De esa más apreciada belleza

que tan solo emana de ti...

Para que escribo?

No sé por qué escribo.

Si, para plasmar

cada sentimiento que exhibo?

Si, para detallar

cada experiencia que derribo?

O si, para simplemente,

sentirme vivo?

Amar es vivir

El amor es arriesgarse,

sumergirse, sin miedo a ahogarse.

En el amor, a veces,

saldrás con el corazón lastimado.

Pero al menos,

lo mantendrás bien ejercitado.

El amor a veces, nos sube, nos baja,

nos ilusiona, nos destruye.

Pero, mientras se mantenga la esperanza,

el corazón de nuevo se reconstruye...

Es mejor haber amado y sufrido,

que nunca haber amado, ni sentido.

Amar es vivir, vivir sin ataduras...

Dedicación/ Agradecimientos

Este poemario es dedicado a mi esposa

Marlyn y a mi hija Sayalyn.

Gracias por ser mi inspiración diaria y

ayudarme a encontrar la belleza de cada día,

para luego plasmarla en poesía...

Para más de mis escritos e productos
motivacionales, favor de visitar nuestra web:
inspirastar.com

Si le gusto este libro, o te inspiró de alguna manera,
favor de dejar tu reseña en nuestra página de autor
de Amazon:
dailyimpower.com

También pueden visitarnos en las redes sociales:
Instagram:
@inspirastar
@quizasimperfecta

Facebook:
@inspirastars

www.ingramcontent.com/pod-product-compliance
Lightning Source LLC
Chambersburg PA
CBHW071857020426
42331CB00010B/2555